# 500 FRASES
## EN ALEMÁN PARA
## APRENDER EN

# 5 DÍAS

I0151317

© 2016 Confidential Concepts, worldwide, USA


© Editorial De Vecchi, S. A. 2019
© [2019] Confidential Concepts International Ltd., Ireland
Subsidiary company of Confidential Concepts Inc, USA
ISBN: 978-1-64461-451-8

Impreso bajo demanda gestionado por Bibliomanager

Isa Müller,
bajo la dirección de Robert Wilson

# 500 FRASES
# EN ALEMÁN PARA
# APRENDER EN
# 5 DÍAS

**dve**
PUBLISHING

# Índice

ÍNDICE

ÍNDICE

# Introducción

Es necesario puntualizar desde el principio que este libro pretende ser una guía para el aprendizaje de la lengua alemana sobre una base gramatical. Se destina a aquellas personas que tengan interés en aprender rápidamente y hacerse entender, sobre todo, por necesidades de orden práctico (por ejemplo, porque han organizado un viaje a Alemania un fin de semana y cuentan con cinco días para aprender alemán).

Por ello, aquí se plantea la estructura de la lengua y se utilizan palabras y frases de uso corriente en las conversaciones cotidianas y, así, se intentan proporcionar, desde el principio, los elementos fundamentales.

La mejor manera de estudiar con un texto concebido en estos términos consiste en dar mucha importancia a las palabras y los ejemplos, para acostumbrar el oído a la frase alemana. Los ejemplos podrán servir también como ejercicios y se podrán traducir y comparar posteriormente con el texto.

Las palabras y las frases de conversación deberán aprenderse de memoria. Puesto que están agrupadas por temas, es posible que, en las primera lecciones, nos encontremos ante palabras y construcciones no tan sencillas, pero que al final de las lecciones se entenderán y reproducirán con cierta facilidad.

Es preciso estudiar sistemáticamente sin interrupción y trabajar bien desde el principio, pero, sobre todo, es necesario no desalentarse frente a las primeras dificultades: no son ciertos todos los comentarios que se oyen con frecuencia, referidos a la dificultad de la lengua y, en particular, de la pronunciación alemana.

Cualquier persona está capacitada para conseguir aprender las estructuras básicas de cualquier lengua, aunque siempre invirtiendo un poco de constancia, voluntad y entusiasmo. Todos los sacrificios quedarán compensados por la satisfacción de entender y hacerse entender en este idioma.

# Pronunciación

El alfabeto alemán consta de veintiséis letras, cuya pronunciación difiere en varios casos, tal y como veremos a continuación, de la del español.

| **a** | **b** | **c** | **d** | **e** | **f** |
|-------|-------|-------|-------|-------|-------|
| [a:] | [be:] | [tse:] | [de:] | [e:] | [ef] |
| **g** | **h** | **i** | **j** | **k** | **l** |
| [ge:] | [ha:] aspirada | [i:] | [yot] | [ka:] | [el] |
| **m** | **n** | **o** | **p** | **q** | **r** |
| [em] | [en] | [o:] | [pe:] | [ku:] | [er] |
| **s** | **t** | **u** | **v** | **w** | **x** |
| [es] | [te:] | [u:] | [fau] | [ve:] | [iks] |
| **y** | **z** | | | | |
| [ipsilon] | [tset] | | | | |

N. B.: Las vocales seguidas de dos puntos son largas, en tanto que las demás son breves. Las primeras han de pronunciarse en un tono más profundo que las segundas.

## Consonantes

En general, su pronunciación es semejante a la del castellano. No obstante, debemos atender a algunas particularidades propias de las consonantes alemanas aisladas y al valor fonético que adquieren según el lugar que ocupen en la palabra.

**b:** su sonido es puramente labial a principio de palabra, pero al final suena como **p.**

**c:** ante las vocales **a, o, u** sonará como la **k** castellana, mientras que ante **ä, e, i** y **ö** se pronunciará como **ts.**

**d:** al inicio de palabra suena como la **d** española, pero situada al final su sonido será el de una **t.**

**g:** a principio de palabra se pronuncia como la **g** castellana (gala); mientras que a final de palabra, después de las vocales **a, o, u,** sonará como una **k.**

**h:** puede ser aspirada o muda.

Será aspirada a principio de palabra o del segundo vocablo de una palabra compuesta, así como en voces de origen extranjero.

Será muda en el resto de los casos; situada entre vocal y consonante su función es alargar el sonido de la vocal precedente.

**j:** sólo aparece a principio de palabra y se pronuncia como la **ll** española.

**q:** siempre va seguida de la vocal **u** y suena como **kw.**

**r:** a principio de palabra o después de consonante sonará gutural. A final de palabra, su sonido apenas será perceptible.

**s:** a principio de palabra y ante vocal, su sonido es más suave y vibrante que en español. A final de palabra y después de vocal suena como en castellano.

**ß:** representa dos eses **(ss).**

**t:** en las palabras de origen latino se pronuncia **ts.**

**v:** suena como la **f** española. En las voces de origen extranjero, se pronuncia como la **v** italiana.

**w:** se pronuncia como la **v.**

**x:** se pronuncia como el grupo consonántico **cs** en castellano.

**z:** se pronuncia como **ts** en español.

## Grupos consonánticos

**ch:** después de **a, o, u, au** se pronuncia como la **j** española. Después de **i, e, ä, ö, ü, eu, äu** se pronuncia palatal y suave. Y delante de **a, o, u, au, e, i** suena como una **k.**

**gn:** las dos consonantes se pronuncian de forma separada.

**ng:** su sonido es nasal y apenas se pronuncia la **g** [η].

**ph:** se pronuncia como una **f.**

**sch:** su pronunciación es similar a la **ch** francesa [Ĵ].

**sp:** suena como **schp.**

**st:** suena como **scht.**

**th:** se pronuncia como la **t** española.

**tsch:** su pronunciación es como la **ch** española.

**tz:** su sonido es el de la **ts.**

## Vocales

El alemán tiene cinco vocales **(a, e, i, o, u)** más las que llevan diéresis *(Umlaut).*

**ä:** se pronuncia como una **e** abierta.

**ö:** su pronunciación es como el diptongo francés **eu** [œ].

**ü:** se pronuncia como la **u** francesa de *pur* y su correcta articulación se consigue acercando mucho los labios.

## Diptongos

Deberán pronunciarse con gran rapidez, como si formasen un único sonido, y acentuando con mayor intensidad la primera vocal.

**ai** y **ei:** su sonido equivale al castellano **ai.**

**au:** se pronuncia igual que en castellano.

**äu** y **eu:** su sonido en castellano sería aproximadamente el de **oi.**

**ie:** equivale a una **i** larga.

# Acentuación

La falta de acentos ortográficos que indiquen la sílaba tónica de cada palabra puede constituir en un principio una dificultad para quien se dispone a aprender alemán. Y, si bien es cierto que una correcta entonación sólo puede conseguirse a base de constancia y práctica, existen un par de reglas que conviene respetar desde el primer momento y que nos ayudarán a lograr nuestro propósito. Las palabras simples de dos o más sílabas constan de raíz y de una o más sílabas secundarias, las cuales pueden ser prefijos o sufijos. En estas palabras el acento tónico recae en la raíz.

Sin embargo, cuando aparece el prefijo **ant,** siempre es este el que recibe el acento tónico. Lo mismo ocurre en el caso de los sufijos **ei, eien, ieren, ie** en palabras de origen extranjero.

En las palabras compuestas el acento recae en la raíz del primer vocablo componente; sin embargo, en algunos casos el acento tónico recae en la sílaba radical de la segunda palabra, por ser esta la determinante.

N. B.: En la transcripción fonética, el signo de la acentuación (') se pone delante de la sílaba tónica.

# Uso de las mayúsculas

Su regulación se aproxima bastante a la del castellano. Sin embargo, existen ciertos aspectos que merecen ser comentados, pues ya desde un primer momento habrán sido percibidos, quizá con extrañeza, por quienes se introducen ahora en el conocimiento del alemán.

El aspecto más destacable e importante es que todos los sustantivos y todas aquellas palabras que sean utilizadas como tales dentro de la oración deberán escribirse siempre con mayúscula.

# Primera lección

Desenvolverse bien en el país al que se viaja, sin que la lengua se convierta en un impedimento para la comunicación, constituye un elemento esencial para disfrutar plenamente del viaje. Esta lección aborda el principio de la aventura y presenta una cuidada selección del vocabulario más útil y las frases en alemán habituales para desenvolverse con soltura en el aeropuerto, la estación, el puerto…, y durante la estancia en el hotel.

## Sesión de mañana
## De viaje

**Vocabulario**

| | | |
|---|---|---|
| *Grenze* frontera | *Flugzeug* avión | *Gepäck* equipaje |
| *Zoll* aduana | *Landung* aterrizaje | *Koffer* maleta |
| *(Reise)pass* pasaporte | *Start* despegue | *Gepäckaufbewahrung* consigna |
| *Visum* visado | *Stewardess* azafata | *Schließfach* taquilla |
| *verzollen* declarar | *Ankunft* llegada | *Bahnhof* estación |
| *Flughafen* aeropuerto | *Abflug* salida | *Zug* tren |

| | |
|---|---|
| *Gleis* <br> vía | *Liegewagenplatz* <br> litera (ferrocarril) |
| *Schiff* <br> barco | *Auto* <br> automóvil |
| *Kabine* <br> camarote | *Reserverad* <br> rueda de recambio |
| *Schlafkabine* <br> litera (barco) | *Motor* <br> motor |

## Frases

### En la aduana

*Ihren (Reise)pass bitte.*
Su pasaporte, por favor.

*Meine Personalien sind…*
Mis datos personales son…

*Ich komme in Begleitung meiner Frau und meines Sohnes.*
Me acompañan mi mujer y mi hijo.

*Ich beabsichtige zehn Tage lang in diesem zu bleiben.*
Pienso estar diez días en este país.

*Haben Sie etwas zu verzollen?*
¿Tiene algo que declarar?

*Ich habe nichts zu verzollen.*
No tengo nada que declarar.

*Kann ich den Koffer wieder zumachen?*
¿Puedo cerrar la maleta?

*Es ist alles in Ordnung.*
Está todo conforme.

## En el aeropuerto

*Wo bitte ist der Iberia Schalter?*
¿Dónde está la ventanilla de Iberia?

*Ich möchte den nächstmöglichen Flug nach… buchen.*
Deseo una reserva para el próximo vuelo a…

*Wann geht der Flug nach…?*
¿A qué hora sale el avión para…?

*Ich hätte gern einen Fensterplatz.*
Quisiera un asiento junto a la ventanilla.

*Ihre Bordkarte bitte.*
Su tarjeta de embarque, por favor.

*Um wie viel Uhr landen wir bitte?*
¿A qué hora aterrizamos?

*Wo bitte finde ich einen Gepäckwagen?*
¿Dónde puedo encontrar un carro para el equipaje?

*Meine Koffer sind noch nicht da.*
Mis maletas no han llegado.

*An welche Dienststelle muss ich mich wenden?*
¿A qué oficina debo dirigirme?

## En el tren

*Eine Hin-und Rückfahrkarte nach Berlin bitte.*
Un billete de ida y vuelta a Berlín, por favor.

*Um wie viel Uhr geht der Zug?*
¿A qué hora sale el tren?

*Von welchem Gleis fährt der Zug nach... ab?*
¿De qué andén sale el tren hacia...?

*Ist das ein direkte Verbindung?*
¿Es directo?

*Wie heißt diese Station bitte?*
¿Cuál es esta estación?

*Was ist der nächste Halt?*
¿Cuál es la siguiente parada?

*Gibt es einen Speisewagen?*
¿Tiene vagón restaurante?

*Ist dieser Platz noch frei?*
¿Está libre este asiento?

*Das hier ist mein Platz.*
Este es mi asiento.

## En el barco

*An welchen Tagen fährt die Hamburger Fähre?*
¿Qué días sale el ferry de Hamburgo?

*Um wie viel Uhr legt das Schiff ab / legt das Schiff an?*
¿A qué hora sale / llega el barco?

*Wie lange dauert die Überfahrt?*
¿Cuánto dura la travesía?

*Muss man reservieren?*
¿Hace falta reserva?

*Ich möchte zwei Kabinen in der ersten Klasse reservieren.*
Quiero reservar dos camarotes de primera clase.

*An welchem Kai legt das Schiff ab?*
¿De qué muelle sale?

*Sollte man besser vorzeitig am Hafen sein?*
¿Se ha de estar en el puerto con mucha antelación?

*Haben wir eine ruhige See?*
¿El mar está tranquilo?

*Ich werde seekrank.*
Me mareo.

*Werden wir bald an Land gehen können?*
¿Tardaremos mucho en poder desembarcar?

## En el coche

*Ich würde gern ein Auto mieten.*
Querría alquilar un coche.

*Wie viel kostet das pro Tag / der Kilometer?*
¿Cuál es el precio por día / kilómetro?

*Preis ohne Kilometerbegrenzung.*
Kilometraje ilimitado incluido en el precio.

*Nur für heute / für vier Tage.*
Sólo para hoy / para cuatro días.

*Welche Versicherungstarife bieten Sie an?*
¿Qué tipo de seguro tiene?

*Ist das die Schnellstraße nach Stuttgart?*
¿Esta es la carretera de Stuttgart?

*Ist hier eine Tankstelle in der Nähe?*
¿Hay cerca de aquí una gasolinera?

*Volltanken bitte.*
Lleno, por favor.

*Ich habe eine Panne mit dem Auto gehabt.*
Mi coche se ha averiado.

*Ich hatte einen Unfall ungefähr sechs Kilometer von hier.*
He sufrido un accidente a seis kilómetros de aquí.

*Können Sie mich abschleppen?*
¿Puede remolcar mi coche?

*Wie lange wird die Reparatur dauern?*
¿Cuánto tardará en arreglarlo?

*Bitte kümmern Sie sich so schnell wie möglich darum.*
Haga el arreglo lo antes que pueda.

*Bitte überprüfen Sie den Reifendruck.*
Revise la presión de los neumáticos.

## Sesión de tarde
## Alojamiento

### Vocabulario

| | |
|---|---|
| *Hotel* | *Zimmer* |
| hotel | habitación |
| *Herberge* | *Schlüssel* |
| albergue | llave |
| *Pension* | *Fahrstuhl* |
| pensión | ascensor |
| *Reservierung* | *Wäscherei* |
| reserva | lavandería |
| *Empfangschef* | *Decke* |
| recepcionista | manta |

| | |
|---|---|
| *Bettlaken*<br>sábana | *Schrank*<br>armario |
| *Handtuch*<br>toalla | *laut*<br>ruidoso |
| *Kissen*<br>almohada | *ruhig*<br>tranquilo |
| *Nachricht*<br>mensaje | *teuer*<br>caro |
| *Safe*<br>caja fuerte | *Empfangshalle*<br>vestíbulo |
| *Schwimmbad*<br>piscina | *Stockwerk*<br>planta |
| *Badezimmer*<br>aseo | *Zimmermädchen*<br>camarera |
| *Bad(ezimmer)*<br>baño | *Rechnung*<br>factura |

## Frases

### En el hotel

*Ich möchte ein Zimmer reservieren bitte.*
Quisiera reservar una habitación, por favor.

*Wir sind zu dritt.*
Somos tres.

*Muss man im Voraus bezahlen?*
¿Hay que pagar por adelantado?

*Was kostet das mit Halbpension?*
¿Cuánto cuesta la media pensión?

*Wo wird das Frühstück serviert?*
¿Dónde se sirve el desayuno?

*Um wie viel Uhr müssen wir das Zimmer räumen?*
¿A qué hora tenemos que dejar la habitación?

*Ich glaube da ist ein Fehler in der Rechnung.*
Creo que hay un error en la factura.

*Kann ich mein Gepäck bis… hier lassen?*
¿Puedo dejar mi equipaje aquí hasta…?

*Guten Tag, der Herr!*
¡Buenos días, señor!

*Guten Tag! Ich habe ein Einzelzimmer reserviert.*
¡Buenos días! He reservado una habitación individual.

*Bleiben Sie nur für eine Nacht?*
¿Se quedará sólo una noche?

*Das weiß ich noch nicht. Vielleicht zwei oder drei Tage.*
No lo sé todavía. Quizá dos o tres días.

*Vielleicht zwei oder drei Nächte.*
Quizá dos o tres noches.

*Muss ich ein Anmeldeformular ausfüllen?*
¿Debo rellenar alguna hoja-registro de entrada?

*Bitte bringen Sie mein Gepäck aufs Zimmer.*
Pida que me suban el equipaje.

*Würden Sie mich bitte um halb acht wecken?*
Haga el favor de despertarme a las siete y media.

*Ich würde gerne telefonieren.*
Quisiera llamar por teléfono.

*Haben Sie eine Nachricht für mich?*
¿Hay algún mensaje para mí?

*Ich reise morgen früh ab.*
Me voy mañana por la mañana.

*Können Sie mir bitte die Rechnung fertig machen?*
¿Puede prepararme la cuenta, por favor?

*Bitte rufen Sie mir ein Taxi.*
Por favor, llame un taxi.

*Können Sie mir ein Hotel in der Innenstadt empfehlen?*
¿Puede recomendarme un hotel en el centro de la ciudad?

*Ich habe reserviert.*
Tengo una reserva.

*Ich habe nicht reserviert.*
No he reservado.

*Ich konnte leider nicht früher kommen.*
Siento no haber llegado antes.

*Haben Sie ein Zimmer für heute Nacht?*
¿Tienen una habitación para esta noche?

*Ich hätte gern ein Doppelzimmer / Einzelzimmer.*
Quisiera habitación doble / individual.

*Ich möchte ein Außenzimmer / Innenzimmer.*
Quiero una habitación exterior / interior.

*Kann ich es mir bitte ansehen?*
¿Puedo verla, por favor?

*In welchem Stockwerk ist es?*
¿En qué piso está?

*Was kostet das Zimmer?*
¿Cuánto cuesta la habitación?

*Haben Sie auch ein Günstigeres?*
¿Tiene alguna más barata?

*Wie lange wollen Sie bleiben?*
¿Cuánto tiempo se quedará?

*Ich werde sechs Tage lang / einen Monat lang bleiben.*
Pienso quedarme seis días / un mes.

*Hat das Zimmer Fernsehen / Internet?*
¿Hay televisión / internet en la habitación?

*Ist die Mehrwertsteuer im Preis enthalten?*
¿El precio incluye el IVA?

*Nehmen Sie auch Kreditkarten?*
¿Aceptan tarjetas de crédito?

*Wann kann ich mein Zimmer beziehen?*
¿A partir de qué hora puedo ocupar la habitación?

*Um wie viel Uhr gibt es Frühstück / Mittagessen / Abendessen?*
¿A qué hora sirven el desayuno / el almuerzo / la cena?

*Ich würde gern auf dem Zimmer frühstücken.*
Quisiera desayunar en mi habitación.

*Kann ich meine Wertsachen in Ihrem Safe lassen?*
¿Puedo dejar mis objetos de valor en la caja fuerte?

*Verfügt das Hotel über einen Parkplatz?*
¿El hotel dispone de *parking* privado?

*Könnten Sie mir sagen, wo ich ein Auto mieten kann?*
¿Podría decirme dónde puedo alquilar un coche?

*Mir ist kalt. Legen Sie mir bitte noch eine Decke aufs Bett.*
Tengo frío. Póngame otra manta en la cama.

*Es ist furchtbar laut, man kann gar nicht schlafen.*
Hacen mucho ruido, no se puede dormir.

*Ich brauche ein großes Handtuch fürs Bad.*
Deme una toalla grande para el baño.

*Bitte holen Sie meine Kleider zum Waschen ab.*
Haga el favor de recoger mi ropa para lavar.

*So schnell wie möglich.*
Lo antes posible.

*Ich reise morgen um zehn Uhr ab.*
Me marcho mañana a las diez.

*Könnte ich meine Koffer bis… hier lassen?*
¿Podría dejar aquí mis maletas hasta las…?

*Ich möchte meine Abreise annullieren / bestätigen / vorziehen / aufschieben.*
Quisiera anular / confirmar / anticipar / retrasar la salida.

# Segunda lección

Una vez se ha llegado al lugar de destino, surgen nuevas situaciones comunicativas que requieren un manejo fluido del alemán. En esta lección se muestran el vocabulario y las frases indispensables para presentarse, pedir una dirección, preguntar horarios, desplazarse por la ciudad sin ningún problema…, junto con una serie de fórmulas de cortesía muy útiles en cualquier circunstancia.

## Sesión de mañana
## Frases usuales

### Vocabulario

| | |
|---|---|
| *danke*<br>gracias | *tschüs, bis später*<br>hasta luego |
| *Verzeihung*<br>perdón | *eins*<br>uno |
| *Entschuldigung*<br>disculpe | *zwei*<br>dos |
| *hallo / auf Wiedersehen, tschüs*<br>hola / adiós | *drei*<br>tres |
| *guten Morgen / guten Tag*<br>buenos días (por la mañana) /<br>buenos días | *vier*<br>cuatro |
| *guten Abend*<br>buenas noches | *fünf*<br>cinco |

| | | |
|---|---|---|
| *sechs* | *bedeckt* | *schwül* |
| seis | cubierto | bochornoso |
| *sieben* | *klar* | *trocken* |
| siete | claro | seco |
| *acht* | *bewölkt* | *stürmisch* |
| ocho | nublado | tormentoso |
| *neun* | *regnerisch* | *abkühlen* |
| nueve | lluvioso | refrescar |
| *zehn* | | |
| diez | | |

## Frases

### Presentaciones

*Guten Tag, der Herr!*
¡Buenos días, señor!

*Wie geht es Ihnen?*
¿Cómo está?

*Wie heißen Sie?*
¿Cómo se llama usted?

*Ich heiße…*
Me llamo…

*Gut, sehr gut, danke!*
Bien, muy bien, gracias.

*Und Ihnen und Ihrer Familie?*
¿Y usted y su familia?

*Bis bald.*
Hasta pronto.

*Es war mir ein Vergnügen, Sie kennenzulernen.*
He tenido mucho gusto en conocerle.

## Datos personales

*Ihren Vor- und Nachnamen bitte!*
¿Su nombre y apellido, por favor?

*Wie alt sind Sie?*
¿Qué edad tiene?

*Ich bin dreißig Jahre alt.*
Tengo treinta años.

*ledig / verheiratet / verwitwet*
Soltero / casado / viudo.

*Wie lautet Ihre Adresse?*
¿Cuál es su dirección?

*Meine Adresse lautet…*
Mi dirección es…

*Was sind Sie von Beruf?*
¿Cuál es su profesión?

## Frases de cortesía

*Bitte.*
Por favor.

*Danke.*
Gracias.

*Keine Ursache!*
De nada.

*Entschuldigung.*
Disculpe.

*Guten Morgen / guten Tag.*
Buenos días (por la mañana) / buenos días.

*Guten Abend.*
Buenas noches.

*Auf Wiedersehen. / Tschüs.*
Adiós.

*Wie geht es Ihnen?*
¿Cómo está?

*Gut, danke. Und Ihnen?*
Bien, gracias. ¿Y usted?

## Horarios

*Wie spät ist es?*
¿Qué hora es?

*Es ist Punkt zwei Uhr.*
Son las dos en punto.

*Es ist halb fünf.*
Son las cuatro y media.

*Es ist zwölf Uhr mittags.*
Son las doce del mediodía.

*Es ist zwölf Uhr nachts.*
Son las doce de la noche.

32

*Wann geht dein Flug?*
¿A qué hora sale tu vuelo?

*Um wie viel Uhr öffnet das Museum / Restaurant?*
¿A qué hora abre el museo / el restaurante?

*Haben sie sonntags geöffnet?*
¿Abren los domingos?

*Die Touristeninformation / Das Fremdenverkehrsamt schließt um viertel vor neun.*
La oficina de turismo cierra a las nueve menos cuarto.

*Die Bank öffnet um viertel nach acht.*
El banco abre a las ocho y cuarto.

*Der Zug geht nachmittags um zwanzig vor sieben.*
El tren sale a las siete menos veinte de la tarde.

## Meteorología

*Wie ist das Wetter?*
¿Qué tiempo hace?

*Heute ist schönes Wetter.*
Hace buen día

*Wie ist die Temperatur?*
¿Cuál es la temperatura?

*Glauben Sie es wird regnen / schneien?*
¿Cree que va a llover / nevar?

*Als ich ging regnete es.*
Llovía cuando salí.

*Es ist neblig.*
Hay niebla.

*Es ist windig.*
Hace viento.

*Es ist warm / kalt.*
Hace calor / frío.

*Schneit es hier viel?*
¿Nieva mucho aquí?

*Es ist zu kalt um herauszugehen.*
Hace demasiado frío para salir.

*Ist das Wetter im Frühling schön?*
¿Hace buen tiempo en primavera?

*Soll ich einen Regenschirm mitnehmen?*
¿Cojo el paraguas?

*Nein, es ist nicht bewölkt.*
No, no está nublado.

*Es ist unerträglich schwül.*
Hace un calor sofocante.

*Es ist furchtbar kalt.*
Hace un frío intenso.

## Sesión de tarde
## Desplazamientos urbanos

**Vocabulario**

| *Bus* | *Taxi* | *Reiseführer* |
|---|---|---|
| autobús | taxi | guía |
| | | |
| *U-Bahn* | *Fahrschein / Fahrkarte* | *Karte* |
| metro | billete | mapa |

| | | |
|---|---|---|
| Station / Bahnhof<br>estación | weit (entfernt)<br>lejos | geradeaus<br>recto |
| Haltestelle<br>parada | nah(e)<br>cerca | Museum<br>museo |
| Straße<br>calle | vor<br>delante | Kathedrale / Dom<br>catedral |
| Platz<br>plaza | hinter<br>detrás | Theater<br>teatro |
| Allee<br>avenida | rechts<br>derecha | Schloss / Palast<br>palacio |
| Kreuzung<br>cruce | links<br>izquierda | Park<br>parque |
| Adresse / Richtung<br>dirección (seña) /<br>dirección (rumbo) | | |

## Frases

### En la ciudad

*Wie sind die Öffnungszeiten vom Museum?*
¿Cuál es el horario del museo?

*Was kostet der Eintritt?*
¿Cuánto cuesta la entrada?

*Haben Sie eine Stadtkarte?*
¿Tiene un mapa de la ciudad?

*Welche Sehenswürdigkeiten gibt es in der Stadt?*
¿Qué edificios notables hay en la ciudad?

*Welchem Stil ist dieses Gebäude zuzuordnen?*
¿Qué estilo tiene este edificio?

*Das ist ein Renaissance Schloss.*
Es un palacio renacentista.

*In welchem Jahrhundert wurde es erbaut?*
¿En qué siglo fue construido?

*Im sechzehnten Jahrhundert.*
En el siglo XVI.

*Ist es erlaubt zu fotografieren?*
¿Está permitido tomar fotografías?

*Gibt es eine Studentenermäßigung?*
¿Hay descuento para estudiantes?

*Wohin gehen Sie?*
¿Adónde va usted?

*Ich gehe zur… Straße / zum… Platz*
Voy a la calle / plaza…

**Preguntar direcciones**

*Ich suche…*
Estoy buscando…

*Wie lautet die Adresse?*
¿Cuál es la dirección?

*Wie komme ich zu…*
¿Cómo llego a…?

36

*Nehmen Sie die erste Straße links.*
Tome la primera calle a la izquierda.

*Wo bitte ist die Touristeninformation / das Fremdenverkehrsamt?*
¿Dónde está la oficina de turismo?

*Ist das weit?*
¿Está lejos?

*Ist das in der Nähe?*
¿Está cerca?

*Biegen sie hinter der Ampel rechts / links ab.*
Gire a la derecha / izquierda después del semáforo.

*Ist das Restaurant weit entfernt?*
¿Este restaurante está lejos de aquí?

*Wie komme ich dahin?*
¿Cómo puedo llegar?

*Können Sie mir auf der Karte… zeigen?*
¿Puede mostrarme en el mapa…?

*Wo gibt es hier eine Apotheke?*
¿Dónde hay una farmacia?

*Fahren Sie geradeaus und biegen Sie an der Kreuzung links ab.*
Siga recto hasta el cruce y gire a la izquierda.

*Wo kann ich einen Kuchen (eine Torte) kaufen?*
¿Dónde puedo comprar un pastel?

*Es gibt eine Konditorei fünfzig Meter von hier.*
Hay una pastelería a cincuenta metros.

*Dann gehe ich zu Fuß.*
Entonces, voy caminando.

## Transporte urbano

*Ist dieses Taxi frei?*
¿Está libre este taxi?

*Können Sie mich nach…fahren?*
Puede llevarme a…

*Wie viel kostet die Fahrt?*
¿Cuánto cuesta el trayecto?

*Können Sie bitte schneller fahren?*
Por favor, vaya más rápido.

*Nehmen Sie bitte den kürzesten Weg.*
Vaya por el camino más corto.

*Bitte halten Sie hier.*
Chófer, pare aquí.

*Was macht das? Der Rest ist für Sie.*
¿Cuánto le debo? Quédese con el cambio.

*Wo bitte ist die U-Bahn Station?*
¿Dónde está la estación de metro?

*Wo kann ich einen Fahrschein kaufen?*
¿Dónde puedo comprar el billete?

*An welcher Station muss ich aussteigen?*
¿En qué estación debo bajar?

*Mit welchem Bus komme ich zu…*
¿Con qué autobús puedo llegar a…?

*Wo bitte ist die Bushaltestelle?*
¿Dónde está la parada del autobús?

*Was kosten zwei Fahrscheine?*
¿Cuánto cuestan dos billetes?

*Sagen Sie mir bitte Bescheid, wenn wir ankommen?*
¿Por favor, me avisará cuando lleguemos?

*Gibt es in der Stadt eine Straßenbahn?*
¿Hay tranvía en esta ciudad?

*Wo fährt die Straßenbahn Nummer... entlang?*
¿Por dónde pasa el tranvía número...?

*Mit welchem Verkehrsmittel kommt man am besten zum Kolosseum?*
¿Cuál es el mejor medio de transporte para llegar al Coliseo?

*Die Bushaltestation ist hier ganz in der Nähe.*
La parada de autobús está muy cerca de aquí.

*Sie müssen den Bus Nummer dreiundzwanzig nehmen.*
Debe coger el veintitrés.

*Gibt es einen Bus nach Heidelberg?*
¿Hay un autocar a Heidelberg?

*Wann und von wo fährt er ab?*
¿A qué hora y de dónde sale?

*Wie lange braucht er?*
¿Cuánto tarda en llegar?

# Tercera lección

El ocio y las compras suelen ser una de las ocupaciones más habituales del viajero. En esta lección se recogen las palabras y frases alemanas indispensables para ir de tiendas por la ciudad a realizar diferentes tipos de compra, o para poder sacar entradas para un espectáculo, entre otras muchas actividades, además de un compendio de frases indispensables para ir de camping sin dificultades.

## Sesión de mañana
## De tiendas

### Vocabulario

| | |
|---|---|
| *Geschäft / Laden* tienda | *Halstuch* pañuelo |
| *Kiosk* quiosco | *Gürtel* cinturón |
| *Kleid* vestido | *Schal* bufanda |
| *Größe* talla | *Geldbeutel / Portmonee* monedero |
| *Umkleidekabine* probador | *Regenschirm* paraguas |
| *Schaufenster* escaparate | *einpacken* envolver |

| | | |
|---|---|---|
| *Sonderangebote* rebajas | *rot* rojo | *grau* gris |
| *Quittung* recibo | *blau* azul | *orange* naranja |
| *Garantie* garantía | *marineblau* azul marino | *violett* violeta |
| *fehlerhaft* defectuoso | *gelb* amarillo | *braun* marrón |
| *weiß* blanco | *grün* verde | *Kreditkarten* tarjetas de crédito |
| *schwarz* negro | | |

## Frases

### De compras

*Wo kann ich... kaufen?*
¿Dónde puedo comprar...?

*Ich würde gern... kaufen.*
Querría comprar...

*Was macht das?*
¿Cuánto cuesta?

*Können Sie mir es einpacken?*
¿Me lo puede envolver?

*Kann ich Ihnen helfen?*
¿Le puedo ayudar?

*Darf es noch etwas sein?*
¿Algo más?

*Wie viele möchten Sie?*
¿Cuántos quiere?

*Wie sind die Öffnungszeiten vom Laden?*
¿Cuál es el horario de la tienda?

*Was ist das?*
¿Qué es esto?

## Comprando ropa

*Was möchten Sie? / Was wollen Sie?*
¿Qué desea usted?

*Das Kleid gefällt mir.*
Me gusta este vestido.

*Fräulein, haben Sie dieses Modell nur in schwarz?*
Señorita, ¿este modelo sólo lo tiene en negro?

*Nein, gnädige Frau, wir haben es in drei verschiedenen Farben.*
No, señora, lo tenemos en tres colores.

*Kann ich es in Marineblau anprobieren?*
¿Puedo probarme el azul marino?

*Ja. Welche Größe haben Sie?*
Sí. ¿Qué talla usa?

*Größe achtunddreißig.*
Uso la 38.

*Möchten Sie es anprobieren?*
¿Quiere probárselo?

*Dort ist die Umkleidekabine.*
El probador está allí.

*Haben Sie es eine Nummer größer / kleiner?*
¿Tiene una talla más grande / más pequeña?

*Es ist zu weit / eng.*
Es demasiado ancho / ajustado.

*Was kostet es?*
¿Cuánto cuesta?

*Einhundert Euro. Aber wir gewähren Ihnen eine Ermäßigung von zehn Prozent.*
100 euros, pero le aplicamos un descuento del 10 por ciento.

*Es ist perfekt, ich nehme es.*
Es perfecto, me lo llevo.

*Nehmen Sie Kreditkarten?*
¿Aceptan tarjetas de crédito?

*Ja, haben Sie sonst noch einen Wunsch?*
Sí, ¿desea algo más?

*Nein, sonst nichts, danke.*
No, nada más, gracias.

*Vielen Dank. Das wäre dann alles. Bezahlen Sie bitte an der Kasse.*
Gracias a usted. Entonces eso es todo, le cobrarán en la caja.

## Comprando zapatos

*Ich suche ein Paar Schuhe.*
Busco unos zapatos.

*Können Sie mir das Modell aus dem Schaufenster zeigen bitte.*
¿Puede enseñarme el modelo del escaparate?

*Ich habe Größe…*
Mi número es…

*Dieses Braun gefällt mir nicht. Ich hätte sie lieber in Schwarz.*
El color marrón no me gusta. Los preferiría negros.

*Der Absatz ist zu hoch / flach.*
El tacón es demasiado alto / bajo.

*Sie sitzen etwas eng.*
Me aprietan un poco.

*Ich habe empfindliche Füße.*
Tengo los pies delicados.

*Die Sohle ist doch aus Leder, oder?*
La suela es de cuero, ¿no?

## En la joyería

*Können Sie diese Uhr reparieren?*
¿Puede arreglar este reloj?

*Zeigen Sie mir bitte Armbanduhren.*
Por favor, enséñeme relojes de pulsera.

*Ich möchte mir Ohrringe / Ringe / Armbänder / Halsketten ansehen.*
Quisiera ver pendientes / sortijas / brazaletes / collares.

*Dieser Ring gefällt mir. Ich nehme ihn.*
Me gusta esta sortija, me la quedo.

*Könnten Sie ihn mir ins Hotel schicken?*
¿Podría enviármela al hotel?

### En la papelería

*Haben sie spanische Zeitungen?*
¿Tienen periódicos en español?

*Ich hätte gern ein paar Postkarten und Briefmarken.*
Quisiera unas postales y sellos.

*Haben Sie eine Straßenkarte?*
¿Tiene un mapa de carreteras?

*Können Sie mir einen Sprachführer empfehlen?*
¿Me puede recomendar una guía de conversación?

*Ich hätte gern einen Stadtplan.*
Quiero un plano de la ciudad.

*Ich brauche einen Kugelschreiber und Papier.*
Necesito un bolígrafo y papel.

*Wo bitte finde ich Reisebücher?*
¿Dónde puedo encontrar libros de viaje?

*Ich hätte gern ein historisches Buch über die Stadt.*
Quiero un libro de historia de la ciudad.

### Comprando música

*Ich suche eine CD von…*
Busco un CD de…

*Ich hätte gern eine möglichst gute Aufnahme.*
Deseo una buena grabación.

*Kann ich es hier anhören?*
¿Lo puedo escuchar aquí?

*Haben Sie die Filmmusik / die Partitur von…?*
¿Tiene la banda sonora / partitura de…?

*Ich interessiere mich für typische Musikinstrumente aus dieser Region.*
Me interesa ver instrumentos musicales locales.

# Sesión de tarde
# Ocio

## Vocabulario

| | |
|---|---|
| *Markt* <br> mercado | *Basketball* <br> baloncesto |
| *Burg / Schloss* <br> castillo | *Spiel* <br> partido |
| *Bibliothek* <br> biblioteca | *Ergebnis* <br> resultado |
| *Vorstellung / Schauspiel* <br> espectáculo | *schwimmen* <br> nadar |
| *Kino* <br> cine | *laufen* <br> correr |
| *Oper* <br> ópera | *Fahrrad* <br> bicicleta |
| *Ballett* <br> ballet | *Strand* <br> playa |
| *Fußball* <br> fútbol | *Liege / Liegestuhl* <br> tumbona |

| *Ski*<br>esquí | *Holzhammer*<br>mazo | *Fluss*<br>río |
|---|---|---|
| *Sessellift*<br>telesilla | *Taschenlampe*<br>linterna | *der Fernseher*<br>televisión |
| *Schlitten*<br>trineo | *Schlafsack*<br>saco de dormir | *das Kofferradio*<br>radio |
| *Camping*<br>camping | *mieten*<br>alquilar | |

## Visitas turísticas

*Wohin gehen Sie?*
¿Dónde va usted?

*Wir reisen nach München.*
Viajamos hacia Múnich.

*Könnten Sie mir die für diese Stadt typischen Plätze sagen?*
¿Haría el favor de decirme qué lugares típicos hay en la ciudad?

*Ich würde gern das Museum für Moderne Kunst besuchen.*
Desearía visitar el museo de Arte Contemporáneo.

*Könnten Sie mir die Besuchstage sowie die Besuchszeiten mitteilen?*
¿Podría indicarme los días y horas de visita?

*Einen Führer bitte.*
Una guía, por favor.

*Ich möchte den Ausstellungskatalog kaufen.*
Deseo comprar el catálogo de esta exposición.

*Darf man Fotos machen?*
¿Se pueden hacer fotos?

*Muss ich meine Kamera hier lassen?*
¿Tengo que dejar mi cámara?

*Gibt es eine Gruppenermäßigung?*
¿Hay descuento para grupos?

*Wer hat dieses Bild gemalt?*
¿Quién ha pintado este cuadro?

*Muss man bezahlen, um sich den Park anzusehen?*
¿Hay que pagar para ver este parque?

*Ist das Schloss wegen Restaurierung geschlossen?*
¿Este palacio está cerrado por restauración?

## Diversiones

*Findet heute Abend eine interessante Vorstellung statt?*
¿Hay algún espectáculo interesante esta noche?

*Im Kino läuft ein ausgezeichnetes Programm.*
En el cine ponen un estupendo programa.

*Ich würde gern ins Kino gehen.*
Me gustaría ir al cine.

*Können Sie mir sagen, wann die Vorstellung beginnt?*
¿Puede decirme cuándo comienza la sesión?

*Wann ist sie zu Ende?*
¿A qué hora termina?

*Gibt es Eintrittskarten für heute Abend?*
¿Hay localidades para esta noche?

*Ich nehme diese. Was kosten sie?*
Me quedo estas. ¿Cuánto cuestan?

*Gibt es Eintrittskarten für morgen Abend?*
¿Hay localidades para mañana por la noche?

*Ich würde gern drei Parkettplätze / Rangplätze reservieren.*
Quisiera reservar tres butacas en platea / en anfiteatro.

*Wir wollen in der dritten Reihe sitzen.*
Queremos sentarnos en la tercera fila.

*Wo sind diese Parkettplätze bitte?*
¿Dónde están estas butacas?

*Wo ist die Garderobe bitte?*
¿Dónde está el guardarropa?

*Was können wir heute Abend unternehmen?*
¿Qué podemos hacer esta noche?

*Kennst du ein gutes Restaurant?*
¿Conoces un buen restaurante?

*Wie komme ich dahin?*
¿Cómo podré ir allí?

*Hast du Lust, etwas trinken zu gehen?*
¿Te gustaría ir a beber algo?

**Deportes**

*Wo kann ich ein Fahrrad mieten?*
¿Dónde puedo alquilar una bicicleta?

*Läuft heute ein Fußballspiel?*
¿Hay hoy algún partido de fútbol?

*Wo ist der Sportplatz?*
¿Dónde está el campo de juego?

*Morgen ist doch ein Autorennen. Könnten Sie mir sagen, wo es stattfindet?*
Sé que mañana habrá una carrera de coches. ¿Podría decirme dónde se celebrará?

*Gibt es hier in der Nähe ein Schwimmbad?*
¿Hay una piscina cerca?

*Wo sind die Umkleidekabinen?*
¿Dónde están los vestuarios?

*Kann ich ein Schließfach mieten?*
¿Puedo alquilar una taquilla?

*Welche Sportart bevorzugst du?*
¿Qué deporte prefieres?

*Wie viel kostet der Skipass?*
¿Cuánto cuesta el forfait de esquí?

*In welcher Verfassung ist die Piste?*
¿Cuál es el estado de las pistas?

*Kann ich Unterricht nehmen?*
¿Puedo tomar clases?

*Ich würde gern reiten.*
Me gustaría montar a caballo.

*Was ist Ihre Lieblingsmannschaft?*
¿Cuál es su equipo favorito?

### Camping

*Wo ist der nächstgelegene Campingplatz?*
¿Dónde está el *camping* más cercano?

*Darf man das Zelt hier aufstellen?*
¿Se puede plantar la tienda aquí?

*Können wir ein Zelt mieten?*
¿Podemos alquilar una tienda?

*Wo bitte sind die Waschräume?*
¿Dónde están los lavabos?

*Was macht das pro Person / Zelt / Wohnwagen?*
¿Cuánto cuesta por persona / tienda / caravana?

*Ist das Trinkwasser?*
¿El agua es potable?

*Können wir ein Feuer machen?*
¿Podemos encender fuego?

*Gibt es Duschen?*
¿Hay duchas?

*Können Sie mir eine Taschenlampe borgen?*
¿Me puede prestar una linterna?

*Wo kann ich das Auto parken?*
¿Dónde puedo aparcar el coche?

# Cuarta lección

Entender la carta en alemán de un restaurante, ir a comprar al mercado o sacar dinero puede resultar difícil para todos aquellos que no dominan esta lengua. Con el objetivo de ayudar al viajero a superar sus obstáculos comunicativos, en esta lección se presenta un listado de palabras y frases muy útiles para desenvolverse fácilmente en el mercado y en el restaurante, y solicitar diversos servicios (en el banco, en correos, en la peluquería…).

## Sesión de mañana
## A la hora de comer

### Vocabulario

| | | |
|---|---|---|
| *Bäckerei* panadería | *Marmelade* mermelada | *Fisch* pescado |
| *Metzgerei* charcutería | *Käse* queso | *Seezunge* lenguado |
| *Milch* leche | *Vorspeisen* entremeses | *Seehecht* merluza |
| *Brot* pan | *Artischocken* alcachofas | *Hülsenfrüchte* legumbres |
| *Butter* mantequilla | *Suppe* sopa | *Kichererbsen* garbanzos |

| | | |
|---|---|---|
| *Erbsen*<br>guisantes | *Lamm*<br>cordero | *Pfirsich*<br>melocotón |
| *Reis*<br>arroz | *Schwein*<br>cerdo | *Orange*<br>naranja |
| *Braten*<br>asado | *Frucht*<br>fruta | *Eis*<br>helado |
| *Rippchen*<br>costillas | *Apfel*<br>manzana | |

## Frases

### En el mercado

*Wo gibt es einen Supermarkt?*
¿Dónde hay un supermercado?

*Gibt es dort Gemüse und Früchte?*
¿Tienen verduras y frutas?

*Was wünschen Sie?*
¿Qué desea?

*Ich möchte vierhundert Gramm Hühnerfleisch.*
Quiero 400 g de carne de pollo.

*Sonst noch einen Wunsch?*
¿Alguna cosa más?

*Ich möchte ein Päckchen Reis und eine Dose Thunfisch.*
Quisiera un paquete de arroz y una lata de atún.

*Geben Sie mir bitte eine Flasche / eine Dose Bier.*
Deme una botella / una lata de cerveza.

*Ein Kilo Trauben bitte.*
Póngame un kilo de uva.

*Sie sind schon überreif / noch grün.*
Está demasiado madura / un poco verde.

## En el restaurante

*Ich würde gern einen Tisch für zwei Personen reservieren.*
Quería reservar una mesa para dos personas.

*Tut mir Leid, es ist nichts mehr frei.*
Lo siento, está completo.

*Gibt es in der Nähe ein gutes Restaurant?*
¿Hay algún buen restaurante aquí cerca?

*Darf man in den Speisesaal?*
¿Se puede pasar al comedor?

*Wo dürfen wir uns hinsetzen?*
¿Dónde podemos sentarnos?

*Herr Ober, können Sie mir bitte die Karte bringen?*
Camarero, ¿me puede traer el menú, por favor?

*Haben Sie die Weinkarte?*
¿Tienen la carta de vinos?

*Bingen Sie uns zuerst ein paar Vorspeisen.*
Sírvanos primero unos entremeses variados.

*Als Vorspeise hätte ich gern…*
De primer plato quisiera…

*Als Hauptspeise nehme ich…*
De segundo tomaré…

*Ich hätte gern eine Flasche Rotwein und außerdem ein Stilles Mineralwasser.*
Quisiera una botella de vino tinto y también agua mineral sin gas.

*Könnten Sie mir bitte geriebenen Käse bringen?*
Por favor, ¿podría traerme queso rallado?

*Bringen Sie uns bitte den Nachtisch.*
Sírvanos los postres.

*Wir möchten Tiramisu und Apfelkuchen.*
Queremos tiramisú y tarta de manzana.

*Danach bringen Sie uns bitte Kaffee.*
Después tráiganos café.

*Herr Ober, die Rechnung bitte.*
Camarero, la cuenta, por favor.

*Können Sie uns ein Restaurant empfehlen?*
¿Puede recomendarme un restaurante?

*Wo kann man Spezialitäten aus der Region bekommen?*
¿Dónde pueden encontrarse especialidades locales?

*Ich habe einen Tisch auf den Namen… reserviert.*
Tengo una mesa reservada a nombre de…

*Herr Ober, wir hätten gern einen Tisch am Fenster.*
Camarero, desearíamos una mesa junto a la ventana.

*Können wir uns nicht an diesen Tisch setzen?*
¿No podemos ocupar aquella mesa?

*Zufrieden mit dem Tisch?*
¿Está bien esta mesa?

*Ja, wunderbar.*
Sí, es perfecta.

*Können wir noch etwas zum Essen bekommen?*
¿Podemos comer todavía?

*Herr Ober, bringen Sie uns bitte das Besteck.*
Camarero, sírvanos el cubierto.

*Können sie uns etwas Besonderes empfehlen?*
¿Puede aconsejarnos algo especial?

*Was gibt es als Tagesgericht?*
¿Cuál es el plato del dia?

*Hier ist die (Speise)karte.*
He aquí la carta.

*Was empfehlen Sie mir?*
¿Qué me aconseja usted?

*Ich bin auf Diät.*
Estoy a régimen.

*Ja, zweimal Venusmuschelsuppe bitte.*
Sí, sopa de almejas para dos.

*Wiener Schnitzel und gegrillte Meerbarbe.*
Escalopa a la vienesa y salmonetes a la parrilla.

*Als Beilage gebratene Zucchini und panierte Artischocken.*
De guarnición, calabacines fritos y alcachofas rebozadas.

*Einen Sprudel / Ein Wasser und ein Bier.*
Agua con gas y una cerveza.

*Eine kleine Flasche Rotwein und eine kleine Flasche Weißen.*
Una botella pequeña de vino tinto y otra de blanco.

*Herr Ober, ein Glas bitte!*
Camarero, un vaso, por favor.

*Bringen Sie mir bitte Essig und Öl.*
Tráigame aceite y vinagre, por favor.

*Was möchten Sie zum Nachtisch?*
¿Qué les apetece de postre?

*Bringen Sie mir bitte vom Schokoladenkuchen.*
Tráigame tarta de chocolate.

*Das Gleiche für mich.*
Lo mismo para mí.

*Hat es Ihnen geschmeckt?*
¿Todo bien?

*Sehr gut! Bringen Sie uns bitte die Rechnung.*
¡Muy bien! Tráiganos la cuenta, por favor.

## Sesión de tarde
## Servicios

### Vocabulario

| | |
|---|---|
| *Geld* dinero | *Bank* banco |
| *Kreditkarte* tarjeta de crédito | *Post* correos |
| *Geldautomat* cajero automático | *Brief* carta |

| | | |
|---|---|---|
| *Briefumschlag* | *Färben* | *nähen* |
| sobre | tinte | coser |
| *Postkarte* | *frisieren* | *Knopf* |
| tarjeta postal | marcar | botón |
| *Briefmarke* | *Wäscherei* | *Brille* |
| sello | lavandería | gafas |
| *postlagernd* | *Reinigung* | *Regenschirm* |
| lista de correos | tintorería | paraguas |
| *Friseur* | *Fleck* | *Handkoffer* |
| peluquero | mancha | maletín |
| *rasieren* | *bügeln* | *Fotoapparat* |
| afeitar | planchar | cámara fotográfica |
| *schneiden* | *Reißverschluss* | |
| cortar | cremallera | |

## Frases

### En el banco

*Wo ist der nächste Geldautomat?*
¿Dónde está el cajero más cercano?

*Um wie viel Uhr öffnet die Bank?*
¿A qué hora abre el banco?

*Ich muss Reiseschecks eintauschen.*
Tengo que cambiar cheques de viaje.

61

*Können Sie mir bitte wechseln?*
Por favor, ¿puede darme cambio?

*Wo kann ich Geld abheben?*
¿Dónde puedo sacar dinero?

*Ich habe meine Geheimzahl vergessen.*
He olvidado mi contraseña.

*Der Geldautomat hat meine Karte einbehalten.*
El cajero automático ha retenido mi tarjeta.

*Können Sie mir sagen, ob eine Überweisung von… eingegangen ist?*
¿Puede decirme si ha llegado una transferencia de…?

*Es gibt ein Problem mit meinem Konto.*
Hay un problema con mi cuenta.

*Wo muss ich unterschreiben?*
¿Dónde tengo que firmar?

**En correos**

*Wo finde ich postlagernde Sendungen?*
¿Dónde está la lista de correos?

*Ist Post für mich gekommen?*
¿Hay correo para mí?

*Ich möchte ein Paket nach Frankfurt schicken.*
Deseo enviar un paquete a Fráncfort.

*An welchen Schalter muss ich gehen?*
¿A qué ventanilla debo dirigirme?

*Ich möchte diesen Postscheck einlösen.*
Quisiera cobrar este giro postal.

*Ich hätte gern einen Briefumschlag plus Briefmarke.*
Quisiera un sobre y un sello.

*Ich möchte ein Auslandstelegramm verschicken.*
Quisiera enviar un telegrama al extranjero.

*Wie viel kostet das pro Wort?*
¿Cuánto cuesta por palabra?

## En la peluquería

*Ich möchte eine Rasur bitte.*
Deseo un afeitado.

*Muss ich lange warten?*
¿Tendré que esperar mucho?

*Ich habe es eilig.*
Tengo prisa.

*Nur die Spitzen schneiden.*
Córteme sólo las puntas.

*Ich möchte das Haar sehr kurz haben.*
Quiero el pelo un poco corto.

*Schneiden Sie mir bitte den Bart.*
Arrégleme el bigote.

*Waschen und frisieren bitte.*
Quiero lavar y marcar.

*Ich möchte meine Haare färben.*
Quiero teñirme.

*Im gleichen Ton?*
¿Del mismo tono?

*Nein, etwas dunkler.*
No, un poco más oscuro.

*Das Wasser ist zu kalt / heiß.*
El agua está demasiado fría / caliente.

## En la lavandería

*Können Sie diesen Weinfleck entfernen?*
¿Puede quitar esta mancha de vino?

*Diese Flecken lassen sich nicht entfernen.*
Estas manchas no se pueden quitar.

*Ich brauche diesen Rock / diese Bluse / diese Jacke bis morgen.*
Necesito esta falda / blusa / chaqueta para mañana.

*Wann ist es fertig?*
¿Cuándo estará listo?

*Können Sie mir die Knöpfe annähen?*
¿Puede coser los botones?

*Dieser Ärmel ist kaputt, können Sie ihn nähen?*
Esta manga está rota, ¿puede coserla?

*Das ist nicht mein Mantel.*
Este abrigo no es mío.

*Können Sie die Hemden bügeln?*
¿Puede planchar las camisas?

*Können Sie den Reißverschluss reparieren?*
¿Puede arreglar esta cremallera?

## Buscando objetos perdidos

*Gestern Abend habe ich meine Brille verloren.*
Ayer por la noche perdí mis gafas.

*Ich habe meinen Regenschirm im Restaurant vergessen.*
Olvidé mi paraguas en el restaurante.

*Ich habe meinen Zimmerschlüssel verloren.*
He perdido la llave de mi habitación.

*Hat jemand einen Fotoapparat im Speisesaal gefunden?*
¿Alguien ha encontrado una cámara fotográfica en el comedor?

*Ich habe vergessen, wo ich meinen Wagen geparkt habe.*
He olvidado dónde aparqué mi coche.

*Ich finde meine Tür nicht.*
No encuentro mi entrada.

*Haben Sie einen schwarzen Handkoffer gesehen?*
¿Ha visto un maletín negro?

*Wann haben Sie ihn denn verloren?*
¿Cuándo lo dejó?

*Vor zwei Stunden.*
Hace dos horas.

*Man hat mir nichts mitgeteilt. Haben Sie den Empfangschef gefragt?*
Nadie me ha dicho nada. ¿Le ha preguntado al recepcionista?

*Ja, aber er weiß nichts davon.*
Sí, pero no sabe nada.

*Tut mir Leid, meine Dame.*
Lo siento, señora.

# Quinta lección

Durante un viaje es posible que se produzcan situaciones de emergencia en las que superar las barreras de la comunicación resulta todavía más indispensable. En esta lección se muestra una completa selección del vocabulario y las frases en alemán más adecuados para salir airoso de cualquier apuro; por ejemplo, para poner una denuncia en la comisaría, explicar la avería del coche al mecánico o entender las prescripciones del médico. Y, para finalizar, una serie de términos y frases que ayudarán al viajero a hacerse entender perfectamente a la hora de pedir información, resolver dudas y superar dificultades en el momento de efectuar una llamada de teléfono.

## Sesión de mañana
## En apuros

**Vocabulario**

| | | |
|---|---|---|
| *Polizeirevier* comisaría | *Mechaniker(in)* mecánico | *Benzin* gasolina |
| *Raub* robo | *Abschleppwagen* grúa | *Krankenhaus* hospital |
| *(Straf)anzeige* denuncia | *Versicherung* seguro | *Notaufnahme* urgencias |
| *Panne* avería | *Reifen* neumático | *Arzt* médico |

67

| | | |
|---|---|---|
| *krank* enfermo | *Magen* estómago | *Entzündungshemmer* antiinflamatorio |
| *verletzt* herido | *Allergie* alergia | *Zahnarzt* dentista |
| *Schüttelfrost* escalofríos | *Rezept* receta | *Zahnschmerz* dolor de muelas |
| *Kopf* cabeza | *Pille* píldora | *Apotheke* farmacia |
| *Kehle / Hals* garganta | *Antibiotikum* antibiótico | |

**Frases**

## En la comisaría

*Könnten Sie mir bitte helfen?*
¿Podría ayudarme, por favor?

*Wo ist das Polizeirevier?*
¿Dónde está la comisaría de policía?

*Ich wurde beraubt.*
Me han robado.

*Man hat versucht mich zu berauben.*
Han intentado robarme.

*Darf ich Ihr Telefon benutzen?*
¿Puedo usar el teléfono?

*Das ist ein Notfall!*
¡Es una urgencia!

*Rufen Sie die Polizei!*
¡Llame a la policía!

*Ich möchte eine Anzeige wegen Raubes machen.*
Quiero denunciar un robo.

## Problemas con el coche

*Mein Wagen hat eine Panne gehabt.*
Mi coche se ha averiado.

*Der Wagen springt nicht an.*
El coche no arranca.

*Die Scheinwerfer gehen nicht an.*
Los faros no se encienden.

*Ich brauche einen Mechaniker.*
Necesito un mecánico.

*Die Batterie muss aufgeladen werden.*
Es necesario cargar la batería.

*Haben Sie Überbrückungskabel?*
¿Tiene cables para la batería?

*Ich brauche jemanden zum Anschieben.*
Necesito que alguien me empuje.

*Ich habe kein Benzin mehr.*
Estoy sin gasolina.

*Das Anlassen funktioniert nicht richtig.*
El arranque no funciona bien.

*Man hört komische Geräusche.*
Se oye un ruido raro.

*Bringen Sie bitte die Lenkung / die Bremsen in Ordnung.*
Arrégleme la dirección / los frenos.

*Der Motor läuft nicht mit voller Kraft.*
El motor no alcanza toda su potencia.

*Die Zündkerzen sind verschmutzt.*
Las bujías están sucias.

*Dieses Teil ist schwer zu bekommen.*
Esta pieza es difícil de encontrar.

*Wie lange wird das dauern?*
¿Cuánto tiempo tardará?

## En la farmacia

*Wo ist eine Apotheke?*
¿Dónde hay una farmacia?

*Können Sie mir etwas gegen Verstopfung empfehlen?*
¿Puede recomendarme algo para el estreñimiento?

*Nehmen Sie diese Tabletten.*
Tome estas pastillas.

*Wie oft täglich?*
¿Cuántas veces al día?

*Können sie Müdigkeit erzeugen?*
¿Pueden producir somnolencia?

*Ich brauche ein Rezept für...*
¿Necesito una receta para...?

*Haben Sie Aspirin für ein fünfjähriges Kind?*
¿Tiene aspirinas para un niño de cinco años?

*Wie ist die Dosis für ein Kleinkind?*
¿Cuál es la dosis para un niño pequeño?

*Ich reagiere allergisch auf Antibiotika.*
Soy alérgico a los antibióticos.

*Ich brauche Pflaster / eine Salbe für die Stiche.*
Necesito tiritas / una pomada para las picaduras.

## Problemas de salud

*Mir geht es nicht gut. Ich habe Schwierigkeiten mich zu bewegen.*
No me encuentro bien. Tengo dificultad para moverme.

*Ich kann nachts nicht schlafen.*
Por la noche no puedo dormir.

*Mir ist übel. / Ich habe Schüttelfrost. / Mir ist schwindlig.*
Tengo náuseas / escalofríos / sensación de vértigo.

*Ich bin gegen Tetanus geimpft.*
Estoy vacunado contra el tétanos.

*Guten Tag, ich heiße García. Mir geht es nicht gut. Ich möchte gern einen Arzt sehen.*
Buenos días, soy el señor García. No me encuentro bien. Querría ver a un médico.

*Sofort, der Herr.*
Enseguida, señor.

*Wo tut es Ihnen weh?*
¿Dónde le duele?

*Ich habe Kopf- und Bauchschmerzen. Ausserdem habe ich viele kleine rote Flecken auf der Haut, sehen Sie?*
Tengo dolor de cabeza y de estómago. También tengo muchas manchitas rojas en la piel, ¿ve usted?

*Was haben Sie gestern Abend gegessen?*
¿Qué comió ayer por la noche?

*Pilze, Fleisch…*
Setas, carne…

*Es handelt sich ganz offensichtlich um eine alergische Reaktion.*
Evidentemente se trata de una reacción alérgica.

*Nehmen Sie dieses Medikament drei mal täglich zwei Tage lang.*
Tome ese medicamento tres veces diarias durante dos días.

*Ich danke Ihnen.*
Se lo agradezco.


**En la óptica**

*Ich hätte gern eine Sonnenbrille.*
Quisiera unas gafas de sol.

*Ich hätte gern dunklere Gläser.*
Desearía un cristal más oscuro.

*Können Sie meine Brille reparieren?*
¿Pueden arreglar mis gafas?

*Wann kann ich sie abholen kommen?*
¿Cuándo puedo pasar a recogerlas?

# Sesión de tarde
# Comunicación

## Vocabulario

| | | |
|---|---|---|
| *verstehen*<br>comprender | *welche(r, s)?*<br>cuál | *Prepaidkarte*<br>prepago |
| *wissen, können*<br>saber | *wie viele?*<br>cuántos | *Handy*<br>móvil |
| *sagen*<br>decir | *Telefon*<br>teléfono | *Ladegerät*<br>cargador |
| *wollen, mögen*<br>querer | *anrufen*<br>llamar | *Tarif*<br>tarifa |
| *wie?*<br>cómo | *Vorwahl*<br>prefijo | *Netz*<br>red |
| *wann?*<br>cuándo | *wählen*<br>marcar | *Computer*<br>ordenador |
| *um wie viel Uhr?*<br>a qué hora | *ja, bitte?*<br>diga | |
| *wo?*<br>dónde | *Telefonkarte*<br>tarjeta telefónica | |
| *warum?*<br>por qué | *Telefonbuch*<br>guía de teléfonos /<br>guía telefónica | |
| *wer?*<br>quién | | |

## Solicitar información

*Ich kann es nicht finden. / Ich kann es nicht sehen. / Ich kann es nicht verstehen.*
No puedo encontrar / ver / entender.

*Ich würde gerne wissen…*
Me gustaría saber…

*Können Sie mir sagen… / Sie mir helfen?*
¿Puede decirme… / ayudarme?

*Können Sie mir sagen, wann wir in… ankommen?*
¿Me puede decir cuándo llegamos a…?

*Wo kann ich einen Fahrschein kaufen?*
¿Dónde puedo comprar un billete?

*Was macht das?*
¿Cuánto es?

*Wie lange wird die Fahrt dauern?*
¿Cuánto dura el viaje?

*Wissen Sie, warum der Zug Verspätung hat?*
¿Sabe por qué el tren llega con retraso?

*Wie viele Züge verkehren täglich?*
¿Cuántos trenes hay cada día?

*Wie lange werden Sie verreist sein?*
¿Cuánto tiempo va a estar de viaje?

*Hätten Sie die Freundlichkeit mir zu sagen…?*
¿Tendría la amabilidad de decirme…?

*Wie lange muss man denn warten?*
¿Cuánto tiempo hay que esperar?

*Darf ich Sie um einen Gefallen bitten?*
¿Puedo pedirle un favor?

*Das ist sehr freundlich.*
Es muy amable.

*Kann ich Ihnen helfen?*
¿Le puedo ayudar?

### Teléfono e internet

*Könnten Sie mir die Telefonnummer von… nennen?*
¿Podría decirme cuál es el número de…?

*Ich möchte diese Nummer anrufen.*
Quisiera llamar a este número.

*Gibt es hier in der Nähe ein Öffentliches Telefon?*
¿Hay un teléfono público aquí cerca?

*Wie ist die Vorwahl von…?*
¿Cuál es el prefijo para…?

*Die Verbindung wurde unterbrochen.*
Se ha cortado.

*Es ist besetzt.*
Está comunicando.

*Wie ist Ihre Telefonnummer?*
¿Cuál es su número de teléfono?

*Meine Nummer ist...*
Mi número es...

*Wo bitte ist die nächste Telefonzelle?*
¿Dónde está la cabina de teléfono más cercano?

*Eine Telefonkarte zu fünf Euro bitte.*
Una tarjeta telefónica de 5 euros, por favor.

*Haben Sie ein Telefonbuch?*
¿Tiene un listín de teléfonos?

*Ich möchte ein R-Gespräch führen bitte.*
Quisiera hacer una llamada a cobro revertido.

*Wer ist da bitte?*
¿Quién llama?

*Hallo. Hier spricht...*
Hola. Soy...

*Kann ich mit... sprechen?*
¿Puedo hablar con...?

*Nein, er / sie ist nicht da.*
No, él / ella no está.

*Kann ich eine Nachricht hinterlassen?*
¿Puedo dejar un mensaje?

*Ich rufe später nochmal an.*
Llamaré más tarde.

*Sagen Sie ihm / ihr bitte, dass ich angerufen habe.*
Dígale (a él / a ella) que he llamado.

*Ich erwarte einen Anruf.*
Espero una llamada.

*Ich möchte ein Ladegerät für mein Handy.*
Quisiera un cargador para mi móvil.

*Ich habe ein Prepaid Handy.*
Tengo un móvil de tarjeta.

*Wie sind die Tarife?*
¿Cuáles son las tarifas?

*Wo ist das nächste Internet Café?*
¿Dónde está el cibercafé más cercano?

*Ich möchte einen Computer benutzen.*
Quisiera utilizar un ordenador.

*Ich muss ins Internet.*
Necesito conectarme a internet.

*Ich möchte einen Scanner benutzen.*
Quisiera utilizar un escáner.

*Ich brauche einen Drucker.*
Necesito una impresora.

*Was kostet die Stunde?*
¿Cuánto cuesta por hora?

*Haben Sie Macs / PCs?*
¿Tienen Macs / PC?

*Kann ich eine CD kopieren?*
¿Puedo copiar un CD?

*Ich möchte meine Emails checken.*
Desearía consultar mi correo electrónico.

*Ich habe mein Passwort vergessen.*
He olvidado mi contraseña.

*Können Sie mir helfen, Spanisch als Sprache auszuwählen?*
Ayúdeme a elegir el español como lengua principal.

*Ich möchte mir die Homepage des Hotels… ansehen.*
Deseo ver la página inicial del hotel…

# En la misma colección

ROBERT WILSON
*5 días para aprender inglés*

ROBERT WILSON
*500 frases en inglés para aprender 5 días*

MARION BERNARD, BAJO LA DIRECCIÓN DE ROBERT WILSON
*5 días para aprender francés*

MARION BERNARD, BAJO LA DIRECCIÓN DE ROBERT WILSON
*500 frases en francés para aprender 5 días*

VALERO ZECCHINI, BAJO LA DIRECCIÓN DE ROBERT WILSON
*5 días para aprender italiano*

STEFANO DONATELLI, BAJO LA DIRECCIÓN DE ROBERT WILSON
*500 frases en italiano para aprender 5 días*

ISA MÜLLER, BAJO LA DIRECCIÓN DE ROBERT WILSON
*5 días para aprender alemán*

IVAN STRUTUNNOF
*5 días para aprender ruso*

www.ingramcontent.com/pod-product-compliance
Lightning Source LLC
LaVergne TN
LVHW051606080426
835510LV00020B/3154